Nicolas Sajus

Histoire d'essence ou de sens

Nicolas Sajus

Histoire d'essence ou de sens

Petit traité sur la relation affective et la sexualité adressé aux parents et aux jeunes

Experts

Impressum / Mentions légales

Bibliografische Information der Deutschen Nationalbibliothek: Die Deutsche Nationalbibliothek verzeichnet diese Publikation in der Deutschen Nationalbibliografie; detaillierte bibliografische Daten sind im Internet über http://dnb.d-nb.de abrufbar.
Alle in diesem Buch genannten Marken und Produktnamen unterliegen warenzeichen-, marken- oder patentrechtlichem Schutz bzw. sind Warenzeichen oder eingetragene Warenzeichen der jeweiligen Inhaber. Die Wiedergabe von Marken, Produktnamen, Gebrauchsnamen, Handelsnamen, Warenbezeichnungen u.s.w. in diesem Werk berechtigt auch ohne besondere Kennzeichnung nicht zu der Annahme, dass solche Namen im Sinne der Warenzeichen- und Markenschutzgesetzgebung als frei zu betrachten wären und daher von jedermann benutzt werden dürften.

Information bibliographique publiée par la Deutsche Nationalbibliothek: La Deutsche Nationalbibliothek inscrit cette publication à la Deutsche Nationalbibliografie; des données bibliographiques détaillées sont disponibles sur internet à l'adresse http://dnb.d-nb.de.
Toutes marques et noms de produits mentionnés dans ce livre demeurent sous la protection des marques, des marques déposées et des brevets, et sont des marques ou des marques déposées de leurs détenteurs respectifs. L'utilisation des marques, noms de produits, noms communs, noms commerciaux, descriptions de produits, etc, même sans qu'ils soient mentionnés de façon particulière dans ce livre ne signifie en aucune façon que ces noms peuvent être utilisés sans restriction à l'égard de la législation pour la protection des marques et des marques déposées et pourraient donc être utilisés par quiconque.

Coverbild / Photo de couverture: www.ingimage.com

Verlag / Editeur:
Éditions Vie
ist ein Imprint der / est une marque déposée de
OmniScriptum GmbH & Co. KG
Heinrich-Böcking-Str. 6-8, 66121 Saarbrücken, Deutschland / Allemagne
Email: info@editions-vie.com

Herstellung: siehe letzte Seite /
Impression: voir la dernière page
ISBN: 978-3-639-85773-3

Nicolas Sajus

Histoire d'essence ou de sens

Petit traité sur la relation affective et la sexualité adressé aux parents et aux jeunes

A Brigitte,
Siméon,
Timothée,
Samuel,
Jacqueline
et Bernard...

Préambule

L'adolescence est une période de bouleversements plurifactoriels, telle la chrysalide qui mute en papillon. La sexualité est une des voies d'émergence de ces changements.

Dans une société qui a évolué vers le voyeurisme, l'exhibitionnisme, il semblerait important de préserver la sexualité, qui devrait garder ce voile de pudeur.

Bien que la période dite de latence (6-11ans) reste parfois dans un questionnement amoureux, l'adolescence laisse place, pour certain(e)s aux premiers rapports sexuels, mais dont l'âge n'a que peu ou pas évolué durant ces trente dernières années en France (environ 17 ans 1/2).

C'est un passage vers le différent, les préoccupations vers l'autre sexe.
C'est une période charnière entre des modifications physiologiques, hormonales, physiques, psychologiques et l'exacerbation de la pulsion libidinale.

S'il est vrai que dans la rencontre amoureuse, la plupart des adolescents demeurent dans une soif d'absolu (le prince charmant pour la fille, ou la femme idéale pour le garçon), l'hyperérotisation de notre société ne serait pas sans conséquence sur de fausses représentations de l'acte sexuel et la relation de couple.

La sexualité telle qu'elle est vulgarisée actuellement, ne tient pas compte de la singularité humaine avec tout ce qui la compose (histoire de vie, situation intra-familiale, traumatismes…).
Ainsi, apparaissent des craintes, des inquiétudes voire des peurs dans la rencontre de l'altérité.

La sexualité convoque la notion d'intime même chez l'adolescent. Elle se doit d'être respectée même si ce dernier semble à l'aise et en parle de façon «crue».

Le rôle du parent serait d'accompagner l'affirmation du jeune, en le questionnant parfois sur le «sens», sans avoir pour autant une attitude trop intrusive.

Néanmoins, lorsqu'on est parent, est-il aussi simple d'en parler ?

Les parents eux-mêmes sont-ils dans une disposition de leur être qui les autoriserait d'en parler ?

Ainsi, s'agirait-il de faire grandir le jeune, non en adulte «immature» (en référence au syndrome Tanguy), mais en adulte «responsable».

La médiation d'un tiers, de médecins scolaires, d'infirmières scolaires, les interventions en matière d'éducation affective et sexuelle, trouvent aussi leur intérêt comme étayage à des parents qui, pour certains, trouvent la thématique complexe.

Le message sociétal implicitement véhiculé, auprès des jeunes, reste celui de la peur. Ainsi, on stigmatise la grossesse : «Tu risques de «tomber» en enceinte», ou la maladie : «tu vas attraper le SIDA».

Avec de telles craintes, il n'est pas étonnant que le regard sur la sexualité soit modifié et les jeunes sont parfois les premiers à manifester leur «ras le bol» face à ce discours ambiant.

Par de tels «slogans», notamment celui du «risque» de grossesse par exemple, réalise-t-on que l'on nie, par la même, la fonction première de l'acte sexuel, à savoir la procréation ?

La prévention auprès des adolescents ne peut donc pas se limiter à la contraception, les I.S.T (infections sexuellement transmissibles) ou tout un discours sur l'IVG (interruption volontaire de grossesse). La preuve en est des statistiques recensées, qui seront évoquées ultérieurement.

On ne peut créer de clivage entre sexualité et procréation, même chez l'adolescent, ce serait nier le désir de grossesse, qui s'inscrit dans une reliance ontologique.

Il n'y a qu'à écouter les culpabilités de certaines femmes qui ont avorté et qui n'ont jamais été accompagnées.

En outre, il s'agit aussi de questionner la manière dont on aborde la sexualité auprès des adolescents et notamment leurs attentes :

➢ Serait-ce une solution d'induire des peurs à parler sans cesse «de risque zéro» ou «d'interdit d'enfants», à l'adolescence ?

➢ Que renvoie-t-on par de tels messages ?

On ne tient plus compte de la notion d'amour, de l'attente de la personne dans sa dimension holistique, car toutes les grossesses ne sont pas obligatoirement des «erreurs».

Tous les soit disant «oublis de pilule» seraient à questionner et à analyser tant ils viennent parfois symboliser un désir, une histoire de vie.

La loi Veil sur l'IVG du 17 janvier 1975, (associée à la mise en place et le développement de la contraception, enfin, l'instauration des interventions dans les établissements scolaires), n'a en rien modifié le nombre d'avortements (environ 220000/an aujourd'hui).

Si chez les femmes adultes se constaterait une légère baisse, il n'en serait pas de même en regard de la catégorie soit disant la mieux « informée », à savoir les adolescentes dont la part augmente.

En outre, alors que le lien familial se fragilise de plus en plus, ne vient–on pas, dans certaines situations, creuser encore plus le fossé lorsque le référent peut être désormais, n'importe quel adulte pour accompagner le mineur au centre de planification ?

Comment doivent réagir les parents, lorsqu'ils ne sont pas informés et qu'ils se retrouvent avec une jeune femme qui peut, soit devenir triste, soit agressive ?

De plus, alors que la part des adolescentes représente environ 5% de la globalité des avortements, pourrait-on parler d'un «apanage», même si cet acte est loin d'être à condamner, ou à juger ?

Que dire du glissement sémantique : il évolue de l'avortement, à l'interruption volontaire de grossesse, puis IVG, et dans les unités hospitalières cela devient «la «K10»» (K étant la cotation d'un acte en regard de la nomenclature médicale).

➢   Est ce cela la libération de la femme ?

➢   S'interroge-t-on sur le «sens» de cette grossesse chez l'adolescente (même si son terme doit en être un avortement) ?

➢   Que penser quand il n'y a aucun suivi, que le lien avec le(s) parent(s) ne peut se faire, souvent à cause de peurs fantasmées par des adultes ?

➢   Que dire quand le petit ami est parti ou que la jeune l'a quitté par peur ?

➢   Que faire, quand cette même jeune fille est à l'hôpital ou chez elle, et que les réponses en guise de réassurances sont : «on fait une échographie de contrôle après l'IVG… au revoir, pense à ta pilule la prochaine fois (sur un ton culpabilisant !)»

➢   Comment va-t-elle rebondir, si elle reste seule avec l'impossibilité de libérer des mots ?

Alors, face à la grossesse, l'interruption de cette dernière, devrait rester un choix libre, sans pression.

La réflexion semble essentielle dans de telles circonstances, complexe et nécessiterait d'être accompagnée quelle que soit la décision.

Il est aussi certain que le risque zéro n'existe pas.

Enfin, la pertinence intellectuelle et relationnelle impliquerait de redéfinir la sexualité dans ses véritables finalités, dans les responsabilités qu'elle implique (en l'occurrence cette possibilité de grossesse), dans les notions de plaisirs partagés, lever les peurs, et ce, dans le but de mieux rassurer.

Il est donc important pour le jeune de connaître son corps, son fonctionnement, et de lui expliquer ce que peut induire l'acte sexuel afin de lui permettre d'agir en conséquence, notamment en terme de contraception par exemple. Ceci est valable aussi bien pour les garçons que pour les filles.

Ce processus semble un axe qui reste encore aujourd'hui trop souvent oublié.

L'adolescent est un «chercheur de sens» qui a besoin de repères et de narcissisation, et ce, même en matière de sexualité.

Durant les six dernières décennies, des modifications structurelles du couple se sont accentuées aussi bien au niveau des jeunes que des adultes du fait de la mutation sociétale.

Ainsi, la perte de certains rituels de passage, les évolutions sur des interrogations «éthiques» (notamment en matière de procréation médicalement assistée), les questionnements de plus en plus prégnants sur l'identité même «d'être sexué», «l'égalité» des sexes, l'impact non négligeable des médias, du relativisme de la pensée, de la télé réalité et de la virtualisation des relations... participent à ces changements.

Il y a eu aussi l'ère SIDA, où l'on mesure aujourd'hui auprès des jeunes, les lacunes et les limites de la prévention qui a été réalisée.

J'ai été interpellé par une phrase lors d'une intervention : «On nous fait chier avec cette journée contre le SIDA, on nous parle que de capotes !»

La société surabonde de sexe et ne cesse de surenchérir. On banalise l'acte sexuel, on fait l'apologie de la jouissance. Il faut «faire», mais le «pourquoi» ne préoccupe que peu de personnes.

Aujourd'hui, propulsée par les médias, l'atmosphère ambiante serait à la «récréativité» dans les pratiques : triolisme, gang bang, mélangisme, échangisme, «plan cul», sexting, skins party (via les rassemblements Facebook) où se consomment alcool, sexe, et drogues en général…

Même la porno soft ou chic est reléguée par la porno trash, associée à de plus en plus de violences et d'humiliations : «c'est ce qui se vend le mieux» déclarait un réalisateur de film X lors d'une interview.

Actuellement, des jeunes de 8/10 ans ont accès à cela, parfois même, dans leur lieu de vie familiale.
Sur 1000 jeunes que j'ai rencontrés en 2013 (environ 15 ans de moyenne d'âge), 93% avaient eu accès à des films ou images pornographiques.

Cela ne veut pas dire qu'ils seront de « nouveaux » pervers, mais cela interroge sur la précocité d'intériorisation de ces images si elles ne sont pas expliquées parfois.
Que dire du «sex toy», le cadeau émergent offert aux femmes à la St Valentin, lorsqu'il devient tiers symbolique de l'accès au plaisir ?

Le parcours chez les adolescents devient alors initiatique dans des pratiques où certains disent : «la porno, c'est là ou nous apprenons comment faire l'amour».

Certes mes propos ne sont pas à généraliser, cependant dans cette mutation, où sont passées les notions : d'apprendre à se connaître, de dialoguer ?

Pourtant c'est ce que cherchent les jeunes, quand on prend le temps d'aller à leur rencontre.

Ils ont soif de «sens», ils sont dans l'attente de mots sur l'amitié, de savoir comment comprendre un garçon, une fille, mais il est à reconnaître que les inductions extérieures sont prépondérantes, avec des adolescents de plus en plus sensibles au regard de l'autre et du «qu'en dira-t-on» en miroir parfois aux référents adultes.

Aimer, vivre la sexualité, sont les chemins d'un apprivoisement : celui de l'altérité où les actes peuvent s'autoriser quand ils sont vécus en confiance, dans la réciprocité de l'échange.

Cette démarche passe par l'écoute des attentes réciproques, la disponibilité de chacun à l'autre et l'inter-relation.

Comment peut-on, alors, faire une dichotomie entre le corps, l'acte que l'on pose, la singularité humaine et les mots qui devraient accompagner ?

Toutes les recettes de cuisine sont bonnes à entendre actuellement, il n'y a qu'à voir les médias qui n'ont jamais été aussi prolixes sur le sujet.

Pourtant la sexualité ne se situe pas dans la connaissance d'une vérité qu'on assène ; sinon dans le cadre d'un apprentissage à deux de la relation, d'une «co-naissance», d'une co-construction.

Elle ne se limite pas non plus à une pénétration, mais s'inscrit dans le contexte d'êtres sexués et/ou doit se découvrir l'érotisation de la relation, la séduction, c'est à dire tout ce qui doit accompagner et faire enveloppe de cet acte.

Même cérébralement (au niveau de la voie limbique), l'activation et le développement des liens relationnels dans l'amour, contribuent à accroitre l'ocytocine et la sérotonine qui participent au sentiment amoureux et au lien d'attachement.

Mais avant toute chose, la sexualité doit peut être se respecter au travers d'une personne, d'une intimité, d'une pudeur et non d'un déballage qui semblerait accentuer une pression psycho-sociétale et ferait débord de tous côtés.
Pour cela il existe les mots qui permettraient cet ajustement face à certains dysfonctionnements.

Faut-il encore vouloir parler de la sexualité, pouvoir, en avoir le désir au-delà de toute trivialisation.
L'ajustement sexuel, à l'instar de la conjugalité, serait comparable à la marche de l'être humain qui n'est rien d'autre que la recherche d'un équilibre.

La virtualité actuellement est une voie élective, depuis 1990/1995 en France, et instaure l'apparition de nouveaux couples.
Déjà cette notion était introduite par Aristote, où il l'oppose, à l'être qui s'exprime en acte dans le réel.

Une autre définition serait : la «simulation», «l'espace théâtral».
C'est dans ce référentiel que s'autorisent certains mots qui ne seraient pas, dans le réel. Alors, la toile devient écran à une relation authentique.

Dans notre société où le flot d'images et de reportages n'a de cesse de s'accroître depuis ces dernières années en terme de sexualité et de pornographie, il est important parfois, d'éclairer les questionnements de certains jeunes.

I-Contexte actuel

Bien que notre monde ait connu de nombreux changements depuis la nuit des temps, je tenais à exposer ceux qui interagissent de manières nouvelles auprès des jeunes.

Toute société qui se cherche, qui a perdu ses valeurs, ses repères, a vu émerger des dogmes. Ils ne sont que l'expression d'une recherche de cadres qui, dans l'absence, laissent place à la radicalité du fondamentalisme qu'il soit religieux, politique ou intellectuel.

Comment ne pas être d'accord alors avec Edgar Morin, lorsqu'il évoque dans son écrit de 1990, que notre société est rentrée dans «la nouvelle barbarie»[1] ?

La place de chaque être semble se modéliser autrement.

«Il y a aujourd'hui en plus de la crise financière, une crise économique, une crise sociale, une crise climatique, une crise écologique, une crise alimentaire, une crise sanitaire, une crise énergétique et une crise migratoire. Nous pouvons donc parler de crise de la civilisation occidentale ! (Albert Jacquard)[2].

Il y a deux univers : les peuples du Nord et le reste du monde (pour la plupart regroupés au Sud).

La date symbolique de 1492, découverte de ce que l'on a alors appelé les Amériques, marque le début de l'impérialisme occidental. Depuis, la forme a changé (esclavage, colonisation, puis néocolonialisme) mais le fond reste : la domination des pays dits développés.

---

[1]Morin, Edgar (2009) *Culture et barbarie européennes.* Paris : Bayard

[2]Jacquard, Albert (2011) *Le compte à rebours a-t-il commencé ?* Paris : librairie générale française (Le livre de poche ; 32386)

Pour l'Europe, il y eût «la Renaissance et les grandes découvertes». Pour «l'autre monde», il y eût esclavage, pillage et massacre.

Vient ensuite l'époque des «Lumières» et des «droits de l'homme» pour l'Europe et l'Occident mais de la colonisation pour le reste du monde.
Sur le plan de la scène géopolitique, tout comme sur la sphère socio-économique la seule loi devient le profit, le capital.

Dans ce contexte décrit règne une errance de l'humanité et des relations interpersonnelles. Il en est de même depuis plus de 30 ans avec la place de la famille en France qui est en véritable rupture, mutation.
Ainsi, il semble difficile aujourd'hui, de définir ce que pourrait être un couple, une famille, au vu de la complexité des relations interhumaines.

Actuellement, en France ce sont cinq générations qui vivent ensemble :

➤ Les vétérans : nés entre 1922 et 1945

➤ Les baby boomers : nés entre 1946 et 1964

➤ Les générations X : nés entre 1965 et 1980

➤ Les générations Y: nés entre 1981et 1999

➤ Les générations Z: nés depuis 2000

Les «Y» ou «millénial génération» ont vécu leur enfance dans l'intervalle des années 1990 et 2000. Les years, digitals natives, la génération internet, génération zapping sont issus des plus grands bouleversements technologiques que la société actuelle ait connu depuis sans doute Gutenberg et l'imprimerie.
En outre, ce sont les enfants du divorce et du chômage avec des nouveaux comportements ou nouvelles attitudes existentielles. La plupart des « Y » ne croient pas en eux et vivent dans des craintes très importantes, qui traduiraient largement les

12

nouveaux indices anxieux, dépressifs voire suicidaires actuels.

Par contre, ils sont constamment liés entre eux. Ils multiplient les pourquoi d'où leur surnom de «Why» devenu «Y».

➢   Le désir d'enfant a également évolué.

Ainsi avant les années 1960 si l'enfant était intégré psychiquement comme faisant partie de l'accueil de la vie, il devient dans notre société un «droit» que l'on pourrait définir comme : «enfant du bonheur», avec tous les avantages que cela pourrait revêtir.

Néanmoins des limites existeraient à de telles représentations à savoir celles de «rêver» son enfant en miroir de la vie des parents, de leurs non réussites, etc…
Il devient alors «hyper» investi et s'inscrit parfois dans des projections parentales aux dépens de l'expression même de son propre désir.

Aussi s'agit-il de décrire des enfants ayant reçu une surabondance affective, un cocooning en référence au «syndrome Tanguy» (issu du film d'Etienne Chatilliez), qui limite le processus d'individuation (c'est-à-dire la capacité du sujet à exister pour lui-même en toute singularité).
Ainsi le jeune se structure en regard de l'injonction parentale, du désir de ce dernier ou de la société en niant sa propre capacité à élaborer.

➢   Egalement, il ne serait pas à minimiser le cheminement de notre société vers l'exacerbation de l'hédonisme, vouant un culte à la personnalité tant elle s'est rendue individualiste.

➢ Enfin, nous basculons dans un déni du vieillissement, de la souffrance et de la mort, évènements inhérents à la condition humaine qui permettent par leur conscientisation, d'avancer dans l'existence.

Plusieurs auteurs ont largement écrit sur ces notions. L'Homme est appelé à les intérioriser comme l'a évoqué Nietzsche où, pour lui : «il faut tirer bénéfice de tout dans la vie, même de l'injustice». Sartre écrivait «qu'il est impossible d'apprécier la lumière correctement sans connaître les ténèbres».

Loin de concepts doloristes ou masochistes, ne seraient ce pas des acceptations à faire pour mieux rebondir sur les évènements de vie ?

Toutes ces données impactent les individus en termes de comportements, dans les manières de penser, d'agir, d'être et les jeunes internalisent tous ces mouvements.

Face à ces évolutions de nouveaux constats apparaissent :

➢ Le délitement de la famille dès les années 1980 alors qu'elle reste la deuxième valeur pour les jeunes en Europe en 2012 (en terme de sécurité affective).

➢ La France assiste à une augmentation des modes de consommation de drogues et toxiques dans les mêmes années (rapport MILDT 2011)[3], avec des comportements addictifs, qui, à l'instar de la société, ont évolué.

Les modes d'alcoolisation, par exemple, sont à l'heure du «Binge drinking» (boire de grandes quantités d'alcool forts en peu de temps) et la chronicisation dans

---

[3] ESCAPAD Enquête sur la santé et les consommations lors de l'appel de préparation à la défense (2011). Saint-Denis La Pleine : Observatoire Français des Drogues et des Toxicomanies (OFDT) Disponible sur : http://WWW.ofdt.fr/enquetes/escapad/

l'alcoolisation massive lors de la première expérimentation chez les jeunes de 17 ans ne cesse de croître.

En outre, les études montrent que la France détient le triste record en Europe du taux le plus important de première consommation cannabique sans en expliquer vraiment la cause. Bien que le chiffre ait diminué, en 2011, 41,5 % des jeunes de 17 ans déclarent avoir fumé du cannabis au cours de leur vie (50,2 % en 2002).[4]

L'ère devient celle de la «défonce» là où le réel, le manque, la difficulté sont insupportables à vivre, à assumer.

Aussi, cette perte de sens fait-elle entrer l'attitude humaine dans la jouissance du tout, tout de suite.

Dans cette immédiateté de la vie, les contrariétés peuvent vite devenir passages à l'acte auto ou hétéro agressifs comme réponses à l'intolérance à la frustration.

Même si les jeunes, se perçoivent comme indépendants et autonomes, ils vivent du paradigme d'hyper connectivité de notre société qui les rend, en réalité, très dépendants.

Il en est de même concernant l'incapacité à exprimer un ressenti ou un vécu avec des mots, sur une situation douloureuse. C'est le symptôme qui devient «maux» : il se nomme violence, scarifications, ingestion médicamenteuse volontaire… ou bien toutes sortes de troubles somatoformes.

➤ En lien avec cette jouissance, l'hyperérotisation de notre société trouve son apologie.

Là aussi, alors que toutes les sociétés, même animistes, canalisaient la pulsion libidinale, il semble aujourd'hui, et au travers de la clinique des jeunes, que la référence en matière même de sexualité pose question.

---

[4] Ibid

Ainsi, des couples adolescents ou adultes trouvent la pornographie comme référencement à la sexualité.

Même si mes mots ne sont pas à généraliser, cela peut-être un passage initiatique, qui participerait également à l'altération des liens conjugaux où l'un des deux partenaires ne se sent plus sujet de la relation mais devient objet.
La sexualité est un apprentissage.

L'ère de la télé réalité (1994) ne serait que le reflet de ce voyeurisme qui inhibe certains dans leur liberté d'exister.

De plus en plus de vulnérabilités se manifestent chez les jeunes générations face à cette culture de la superficialité qui peut devenir moqueries virtuelles, dévalorisations, humiliations …

Jadis, les liens d'attachement, de sécurité tels que les définit le psychanalyste John Bowlby, étaient plus simples, du fait de l'appartenance communautaire au groupe. Aujourd'hui, cet attachement semble plus délicat dans un contexte d'individualisme.
En outre, ils appartiennent à des groupes, où pour certains, il va s'agir de donner, chaque fois, une image différente.
Pour être concret l'adolescent d'aujourd'hui peut appartenir à divers groupes d'amis Facebook, des groupes sportifs, être sur un blog, dans une guilde s'il joue à des jeux en réseau, etc …

Le rapport du sujet avec lui même se trouve modifié actuellement. Qui pourrait donc prédire ce qu'il va advenir demain de telles modifications structurelles ?
Il semble bien difficile de savoir comment vont réagir ces nouvelles générations, en regard de ces diverses constructions.

La notion du paraître, de connectiques extérieures, semblent donner des jeunes très construits intellectuellement, mais avec une immaturité affective pour certains associée à une difficulté à se subjectiviser, et à construire des relations stables.

A cela s'ajoute la faible estime d'eux mêmes.

Le désir de reconnaissance surabonde donc.

Ainsi les jeunes sur Facebook recherchent le plus grand nombre de «like» («j'aime») quand ils postent une photo ou un commentaire sur leur mur, confondant parfois leur propre quête d'amour.

L'Homme ne peut vivre sans amour. L'humain a une inclinaison à aimer et à générer des liens d'attachements sécures.

Cet amour existe toujours mais nous pourrions dire que le mot ne se définit plus sous le même registre du fait de cet avènement du paraître.

Ceci m'interroge aussi sur les nouveaux couples que je peux être amené à rencontrer.

L'amour conjugal s'enracine en principe, dans la co-construction d'un «JE», d'un «TU» qui forment le «NOUS» conjugal, dont le dénominateur commun s'exprimerait dans la confiance relationnelle et affective.

Il semblerait s'observer de plus en plus de formations de couples à transaction dépendante avec des patterns communicationnels de l'ordre de la fusion et donc du manque.

Ainsi, lorsque j'interroge les jeunes dans les établissements scolaires ou les couples sur ce lien qui peut les unir, émergent de nouvelles notions : telles que l'amitié conjugale, la collocation, des mots de plus en plus présents témoignant souvent de la crainte de l'engagement, de s'affronter à ses peurs ou de n'avoir jamais vécu ou connu le sentiment de solitude.

L'ordre d'aujourd'hui ne peut plus s'évoquer tel qu'il était autrefois ; les modes de communication sont bouleversés tout comme les modes d'autorité.

« Petite Poucette »[5] - comme Michel Serres définit les nouvelles générations du texto - évolue dans la société occidentale dans un flot de propos ou d'images sur la sexualité qui surabondent aussi bien dans des cadres institutionnels, familiaux, intergénérationnels ou via les médias.

Cet accès devient de plus en plus répendu depuis une décennie en regard de la généralisation de la virtualité et des écrans.

Les jeunes internalisent des notions qui leurs sont parfois floues et confuses en regard de repères à trouver.

Cette question de la sexualité ne reste pas simple à aborder, même pour les parents qui sont les premiers parfois à être interrogatifs, débordés, dans l'incompréhension ou l'incapacité à répondre.

Aussi, qu'entend-on par éducation à la relation affective ?

---

[5]Serres, Michel (2014) *Petite poucette* . Paris : Le Pommier (Manifestes)

II-Contextes de la relation affective

Il s'agit en premier lieu d'évoquer l'adolescence.

Au plan sémantique, elle trouve son étymologie dans le terme latin «adolescere» qui signifie «passage vers», «grandir vers». Il s'agit d'un chemin qui fait transition entre l'enfance et l'âge adulte.

Elle s'origine à la puberté où se déterminent, entre autres, les caractères sexuels primaires (c'est à dire les organes reproducteurs) dont les signes physiologiques correspondent à l'apparition des premières règles chez la jeune fille, et les premières éjaculations chez le jeune garçon. Ils se définissent alors en tant qu'Homme et Femme aptes à donner la vie.

Les modifications physiologiques des jeunes témoignent d'une puberté plus précoce (environ un an et demi antérieure à celle des années 1960).

Les modes alimentaires qui se transforment, la sédentarité, font observer une prévalence de l'obésité qui atteint aujourd'hui 18% chez les 3 – 17 ans[6].

Par contre la fin de l'adolescence ne peut s'établir uniquement sur le plan physiologique et pubertaire. En effet elle est un processus humain dont les déterminants sont multiples : à la fois physique, psychologique, social.

Elle correspond à la nécessité pour l'adolescent de s'individuer, c'est à dire de devenir autonome par rapport à sa famille.

Cette évolution ne peut s'opérer que de manière lente et progressive car elle se confronte au contexte socio-culturel qui peut faire émerger des peurs.

---

[6] Mise à jour réalisée par la Haute Autorité de Santé dans le cadre du deuxième programme national nutrition santé (PNNS) 2006-2010, qui s'adresse aux médecins traitants

L'adolescence est donc relativement longue actuellement. Elle tend encore à se poursuivre, du fait du prolongement des études, de l'inquiétude liée au contexte socio-économique avec la peur du chômage, la précarisation du travail...

La question de la sexualité qui s'incrémente à cette période, n'est qu'une résurgence de l'enfance. En effet, tout être se définit comme étant sexué dès sa naissance.

L'être sexué, même s'il existe des données biologiques et génétiques, évolue, quant à la lui, dans l'interaction avec la société, la culture, la relation parentale, les pairs etc...

A la fois des facteurs peuvent interférer comme la pression du groupe, la moquerie, les stéréotypies médiatiques...

Je me souviens d'un jeune homme homosexuel, dont les grands parents l'appelaient par un prénom de jeune fille, étant enfant.

Toute sa jeunesse, il fût traité de «PD» par ses copains à l'école, qui trouvaient sa voix «efféminée».

Lui, qui rêvait étant petit « d'être marié à une femme et d'avoir 3 enfants », choisit à 20 ans un homme qui divorça de sa femme et qui avait 3 enfants.

Je me suis toujours interrogé sur la part d'un tel vécu quant à son choix posé, lui qui me dira : «je n'ai pas choisi, mais j'ai subi ma vie...»

En ce sens, la sexualité est complexe, s'articulant autour de dimensions plurifactorielles qui nécessitent pour le jeune d'apprendre l'introspection et la réflexivité pour arriver à construire une estime suffisamment bonne de lui, une confiance en lui.

Dans ses fondements, le mot sexe (du latin *secare* : couper, diviser, séparer) fait référence à la séparation du genre humain en deux groupes : femmes et hommes, caractéristique première et principale de la reproduction sexuelle.

Ainsi, l'être humain appartient, de manière générale, à l'un ou l'autre groupe.

Il est donc soit du sexe féminin, ou masculin. Cependant, ce n'est pas toujours aussi simple, et dans certains cas, la distinction devient difficile à discerner.

En effet, si au plan gonadique le corps féminin est doté d'ovaires alors le corps masculin lui, est doté des testicules, les hormones «féminines» et «masculines» produites par les gonades sont déterminantes pour la féminisation et la masculinisation du corps essentiellement avant la naissance, pendant la puberté et durant la vie d'adulte. Néanmoins, de manière sporadique un déséquilibre de ces hormones peut avoir une influence décisive sur le développement et le fonctionnement du corps, et provoquer des apparences atypiques.

Il existe également l'étymologie du latin « *sequi* » *qui signifie* « accompagner »[7].
Ainsi verrait-on l'accompagnement de l'homme et de la femme dans la démarche de complémentarité pour la reproduction sexuelle.

Cependant, la sexualité ne se limite pas à la génitalité et ne doit pas être réduite aux seules pratiques sexuelles.

La dimension relationnelle et affective en est au centre.

---

[7]Szemerenyi, Oswald (1991) Scripta Minora. II. Innsbruck : Institut für Sprachwissenschaft der Universität Innsbruck, p. 874

21

III-La sexualité

De nombreux facteurs s'enchevêtrent dans la sexualité humaine.

Certes il y a la biologie mais, aujourd'hui de part les études scientifiques, nous savons très bien que ce facteur est très dépendant de l'environnement dans lequel évolue le sujet, dont la culture.

En ce sens, d'autres déterminants s'y ajoutent, comme les représentations familiales, les représentations du ou des groupes d'appartenance, les valeurs morales, spirituelles, la singularité des histoires de vie avec parfois des traumatismes.

Intervenir sur l'éducation affective consiste donc à «re-pEnser» et/ou « re-pAnser » le discours, compte tenu de toutes les évolutions citées antérieurement.

Longtemps limitée à poser des interdits, à « mettre en garde », à transmettre des peurs, il s'agit aujourd'hui d'inclure la prévention afin de minimiser les conséquences qui pourraient être délétères pour les jeunes, mais aussi d'insister sur des dimensions humaines que sont le partage, le dialogue, la compréhension, l'affirmation de soi, l'envie de se réaliser et de s'épanouir.

Cela passe par un message faisant sens, qui soit clair, simple … cet ordinaire qui rend les évènements, le vécu et les personnes « extra-ordinaires ».

Il s'agit d'être repère, référent, tuteur, là, où bien des jeunes peuvent vivre avec de nombreuses craintes sur ces questions.

Toute cette démarche doit rejoindre une réflexivité qui interroge à la fois le savoir faire et le savoir être.

En effet, il s'agit d'une aide à la construction humaine qui passe par une éthique relationnelle.

Il est surprenant d'observer les mots qu'utilisent les jeunes entre eux : «Vraiment, quelle salope tu es», «t'es vraiment con», «t'es un bolosse», etc…

Ces registres sémantiques qui ne sont qu'une petite ébauche de l'existant, ont des contenus dévalorisants, discréditants, là où les jeunes vont même dire : «c'est notre manière de nous parler».

Il semble pertinent alors de s'interroger et de les interroger, afin de savoir si ces patterns communicationnels élèvent en humanité ?

Rentrent-ils dans cette éthique relationnelle qui ferait référence à la bienveillance, à l'empathie ?

L'information doit rassurer, doit permettre le dialogue, et ce, même auprès des parents qui peuvent parfois s'inquiéter de ce type d'interventions auprès de leurs enfants.

Il faudra donc démystifier les jeunes de ce qu'ils peuvent voir ou entendre dans les médias, sans rentrer dans une dimension voyeuriste, sinon explicative.

Il n'est pas toujours aisé d'aborder la question de la sexualité, aussi faut-il créer, innover dans des outils, partir de l'existant, de ce que vivent les adolescents plutôt que d'arborer un cours magistral dont on peut douter des effets.

Construire une intervention à partir des questions (anonymes) d'une classe peut être d'une grande aide. Cela évite d'aller sur les terrains qui ne sont pas à investiguer.

En outre il faut intervenir en toute transparence, honnêteté intellectuelle, et humilité qui permettront de s'autoriser à dire « je ne sais pas ».

Les jeunes sont très sensibles à la notion de confiance et à la franchise.

IV-Les caractéristiques d'une intervention

Tout d'abord il existe un cadre légal qui est présenté en annexe.

Voici dans un deuxième temps des exemples de thématiques interrogées par les jeunes que j'ai pu répertorier. Loin d'être exhaustives, elles tentent de cibler les questionnements les plus réitérés sur 10 ans environ d'intervention. Elles concernent les classes de collège (6ème à 3$^{ème)}$ et de lycée (seconde à terminale).

Au collège :

➢ Développement du corps et de ses différentes fonctions

➢ Différences physiques, entre sexe féminin et sexe masculin

➢ La rencontre amoureuse

➢ Conception de l'enfant depuis la grossesse jusqu'à la naissance

➢ Evocation des stéréotypies sexuelles

➢ La puberté : connaissances des divers changements

➢ L'éveil vers les désirs sexuels

➢ Notion de respect de soi

➢ La pornographie et ses impacts

➢ Evocation des IST, l'IVG

➢ Affirmation de son identité propre dans le respect de la différence.

Au lycée :

➢ La construction de l'amour

➢ Le processus de la rencontre amoureuse

➢ Le couple : évolution entre hier et aujourd'hui.

- Amour et bonheur d'aimer.

- Pourquoi se met-on en couple ?

- La communication dans le couple

- La sexualité et son « sens » : but et fonction de la sexualité

- La notion de plaisir : définition et fonctionnement

- Notion de responsabilité : IVG, IST…

- La pornographie et son accès généralisé

- Les violences sexuelles

- Les difficultés de couple : la notion de crises, la gestion de la crise, le pardon, la séparation et les divorces aujourd'hui

- La télé réalité

- Les nouveaux modes de rencontre au travers de la virtualité

- Les dérives des réseaux sociaux : sexting, happy slapping, «les skins party» …

- Comment faire couple aujourd'hui ?

- La confiance relationnelle

Toutes ces thématiques doivent faire l'objet d'une démarche de recherche pour l'intervenant. Il ne s'agit pas d'avoir un à priori ou des croyances sur les questions posées. C'est un travail de fond qui doit toujours perdurer.

C'est également un engagement sur soi qui peut déstabiliser jusqu'à ses représentations.

Il est donc important de se connaître, d'essayer de «débroussailler» ses propres interrogations et de percevoir s'il existerait ou non des limites.

Etre intervenant en éducation affective nécessite de travailler et de s'interroger sans cesse sur sa posture.

V- Les intervenants, la posture en matière d'intervention?

Tout d'abord les interventions s'adressent aux élèves. Les acteurs peuvent être variés mais complémentaires pour l'adolescent et ses questionnements.

Il s'agira aussi parfois de faire du lien ou de travailler en pluridisciplinarité face à des situations plus individuelles qui peuvent émerger suite à l'intervention.

Les intervenants :

➢ Le premier référent du jeune reste le parent qui peut faire le lien avec l'école.

➢ Tous les acteurs de l'établissement scolaire doivent être soucieux des différentes demandes, attentes ou du mal être éventuel du jeune et ce, en regard de leurs responsabilités ou compétences.

➢ Les professionnels sont des soutiens à l'intégration des notions d'affectivité et de sexualité. Ils permettent le repérage, la coordination parfois, l'accès aux informations, aux personnes par leurs interventions.

➢ Enfin, toute la communauté (sociale, éducative, médicale, paramédicale…) permet de faire réseau autour du jeune.

Certaines postures relationnelles sont essentielles dans ce type d'interventions :

➢ Le respect : au delà de toute réaction ou émotion, tout jeune a une opinion sur l'affectivité et la sexualité. Cette dernière s'est élaborée à la hauteur de son âge, de son sexe, de sa culture sociale, familiale, de son vécu, de ses aspirations spirituelles ou non …

➢ Le respect de la parole de tous les membres de la classe est indispensable.

➢ Partir des questionnements des jeunes. Ne pas juger les interrogations.

➢ Ne pas stigmatiser un jeune, le discréditer, le dévaloriser : toute question ou remarque est pertinente !

➢ L'intervention est soumise à la confidentialité de la classe.

➢ Eviter la dimension voyeuriste au profit d'une posture explicative et rassurante.

➢ Les jeunes n'attendent pas des exemples de la vie privée de l'intervenant qui peuvent parfois d'ailleurs être source de discrédit.

➢ Il ne s'agit pas d'avoir un discours prosélyte, partisan. Néanmoins, poser un certain cadre bienveillant permet la réflexion, la mise en chemin.

➢ S'autoriser à ne pas savoir.

➢ Evaluer si l'intervention a correspondu aux attentes des jeunes.

➢ Les interventions doivent être résumées de manière anonyme au responsable de la classe, au chef d'établissement.

➢ Intervenir auprès des parents si nécessaire.

Conclusion

L'adolescence n'est pas une maladie et même si ce passage peut être délicat pour des parents, il ne l'est pas moins pour le jeune qui la vit.

C'est aussi une période de l'agir car l'adolescent n'est pas capable parfois de mettre des mots sur un ressenti, de savoir ce qui l'anime. Il posera donc des actes.

Même si, et encore plus aujourd'hui, il n'existe pas d'éducation «exemplaire», accompagner, voudra dire : être à l'écoute, créer un nouage relationnel, sensoriel, chercher le compromis, mettre un cadre qui est structurant. Il s'agira aussi de reconnaître parfois la pertinence de l'intervention d'un ou plusieurs tiers.

Le «non», est aussi à expliciter aux jeunes, car l'amour n'autorise pas tout. Combien certain(e)s disent : «j'ai accepté certaines choses, que je ne souhaitais pas, car je l'aimais et j'avais peur de le/la perdre».

La nécessité de prendre son temps, d'être reconnu(e) en tant que sujet de la relation, de se sentir respecté(e), prêt(e) à vivre certaines expériences, sont des notions où les jeunes se reconnaissent et perçoivent une dimension sécure de la relation. C'est aussi une aspiration qui est une essence à l'âme humaine.

«L'important n'est pas de rêver sa vie, mais de vivre ses rêves» ; en ce sens, l'adolescent accompagné et non isolé, grandira en confiance, en liberté de discernement, de conscience, en autonomie et en responsabilité, et ce, même en matière d'affectivité et de sexualité.
C'est lui qui fera le couple de demain...

ANNEXE

Le cadre Légal et règlementaire.

ENSEIGNEMENTS ÉLÉMENTAIRE ET SECONDAIRE

SANTÉ SCOLAIRE L'éducation à la sexualité dans les écoles, les collèges et les lycées
NOR : MENE0300322C
RLR : 505-7
CIRCULAIRE N°2003-027 DU 17-2-2003
MEN
DESCO B4

Texte adressé aux rectrices et recteurs d'académie ; aux inspectrices et inspecteurs d'académie, directrices et directeurs des services départementaux de l'éducation nationale ; aux directrices et directeurs d'école ; aux chefs d'établissement ; aux directrices et directeurs régionaux des affaires sanitaires et sociales ; aux directrices et directeurs départementaux des affaires sanitaires et sociales

L'évolution des mentalités, des comportements, du contexte social, juridique et médiatique dans le domaine de la sexualité, ainsi que des connaissances scientifiques liées à la maîtrise de la reproduction humaine a conduit les pouvoirs publics à développer l'éducation à la sexualité en milieu scolaire comme une composante essentielle de la construction de la personne et de l'éducation du citoyen.

Dans le cadre de sa mission d'éducation et en complément du rôle de premier plan joué par les familles, l'école a une part de responsabilité à l'égard de la santé des élèves et de la préparation à leur future vie d'adulte : l'éducation à la sexualité contribue de manière spécifique à cette formation dans sa dimension individuelle comme dans son inscription sociale.

Cette démarche est d'autant plus importante qu'elle est à la fois constitutive d'une politique nationale de prévention et de réduction des risques - grossesses précoces non désirées, infections sexuellement transmissibles, VIH/ sida - et légitimée par la protection des jeunes vis-à-vis des violences ou de l'exploitation sexuelles, de la pornographie ou encore par la lutte contre les préjugés sexistes ou homophobes.

L'éducation à la sexualité à l'école est inséparable des connaissances biologiques sur le développement et le fonctionnement du corps humain, mais elle intègre tout autant, sinon plus, une réflexion sur les dimensions psychologiques, affectives, sociales, culturelles et éthiques. Elle doit ainsi permettre d'approcher, dans leur complexité et leur diversité, les situations vécues par les hommes et les femmes dans les relations interpersonnelles, familiales, sociales.

Cette éducation, qui se fonde sur les valeurs humanistes de tolérance et de liberté, du respect de soi et d'autrui, doit trouver sa place à l'école sans heurter les familles ou froisser les convictions de chacun, à la condition d'affirmer ces valeurs communes dans le respect des différentes manières de les vivre.

C'est pourquoi il est fondamental qu'en milieu scolaire l'éducation à la sexualité repose sur une éthique dont la règle essentielle porte sur la délimitation entre l'espace privé et l'espace public, afin que soit garanti le respect des consciences, du droit à l'intimité et de la vie privée de chacun.

Un certain nombre de fondements de l'éducation à la sexualité se trouvent d'ores et déjà explicitement mentionnés dans les programmes scolaires de l'école primaire et dans ceux de quelques-unes des disciplines des collèges et des lycées. Plusieurs textes spécifiques sont par ailleurs venus en 1996 (1) puis en 1998 (2), instaurer l'organisation de séquences d'éducation à la sexualité au collège et mettre en place un dispositif de formation des personnels.

Les dispositions de l'article 22 de la loi n° 2001-588 du 4 juillet 2001 relative à l'interruption volontaire de grossesse et à la contraception ont désormais complété le chapitre II du titre I du livre III du code de l'éducation par un article L. 312-16 aux termes duquel "Une information et une éducation à la sexualité sont dispensées dans les écoles, les collèges et les lycées à raison d'au moins trois séances annuelles et par groupes d'âge homogène. Ces séances pourront associer les personnels contribuant à la mission de santé scolaire et des personnels des établissements mentionnés au premier alinéa de l'article L. 2212-4 du code de la santé publique ainsi que d'autres intervenants extérieurs conformément à l'article 9 du décret n° 85-924 du 30 août 1985 relatif aux établissements publics locaux d'enseignement. Des élèves formés par un organisme agréé par le ministère de la santé pourront également y être associés." Dans cette nouvelle perspective, il est nécessaire, en s'appuyant sur l'ensemble des actions déjà mises en place, de définir les objectifs de l'éducation à la sexualité de l'école primaire jusqu'à la fin du lycée, en précisant les modalités de mise en œuvre, et le pilotage du dispositif.

Cette circulaire annule et remplace la circulaire n° 98-234 du 19 novembre 1998 relative à l'éducation à la sexualité et à la prévention du sida.

---

(1)   Circulaire n° 96-100 du 15 avril 1996 relative à la prévention du sida en milieu scolaire et à l'éducation à la sexualité.

(2) Circulaire n° 98-234 du 19 novembre 1998 relative à l'éducation à la sexualité et à la prévention du sida.

I - Les objectifs de l'éducation à la sexualité dans le cadre scolaire

L'école a un rôle spécifique dans la construction individuelle et sociale des enfants et des adolescents. Il s'agit de leur donner les moyens de s'approprier progressivement les données essentielles de leur développement sexuel et affectif et leur permettre notamment de mieux analyser et appréhender les multiples messages médiatiques et sociaux qui les assaillent quotidiennement.

Dans ce cadre, l'éducation à la sexualité vise principalement à apporter aux élèves, en partant de leurs représentations et de leurs acquis, les informations objectives et les connaissances scientifiques qui permettent de connaître et de comprendre les différentes dimensions de la sexualité ; elle doit également susciter leur réflexion à partir de ces informations et les aider à développer des attitudes de responsabilité individuelle, familiale et sociale.

Ainsi, afin de guider l'élaboration d'un projet par les équipes éducatives, on peut appliquer au champ spécifique de l'éducation à la sexualité, les objectifs éducatifs suivants :

- comprendre comment l'image de soi se construit à travers la relation aux autres ;

- analyser les enjeux, les contraintes, les limites, les interdits et comprendre l'importance du respect mutuel ; se situer dans la différence des sexes et des générations;

- apprendre à identifier et à intégrer les différentes dimensions de la sexualité humaine, biologique affective, psychologique, juridique, sociale, culturelle et éthique   ;

- développer l'exercice de l'esprit critique notamment par l'analyse des modèles et des rôles sociaux véhiculés par les médias, en matière de sexualité ;

- favoriser des attitudes de responsabilité individuelle et collective notamment des comportements de prévention et de protection de soi et de l'autre ;

- apprendre à connaître et utiliser les ressources spécifiques d'information, d'aide et de soutien dans et à l'extérieur de l'établissement.

Des documents accompagnant la mise en œuvre des séances d'éducation à la sexualité en préciseront les contenus, la répartition et la progression pédagogiques adaptés à chaque cycle.

II - La mise en œuvre de l'éducation à la sexualité

Au sein des écoles et des établissements scolaires, tous les personnels, membres de la communauté éducative, participent explicitement ou non, à la construction individuelle, sociale et sexuée des enfants et adolescents.

En effet, en toutes circonstances, dans les différents espaces des écoles et des établissements (salles de classe, de cours ou d'activité, lieux d'accueil ou de récréation, espaces de circulation, vestiaires, restaurant scolaire...), tout adulte de la communauté éducative contribue à réguler les relations interindividuelles et à développer chez les élèves des savoir-être tels que le respect de soi et de l'autre ou l'acceptation des différences.

Ces pratiques éducatives impliquent une nécessaire cohérence entre les adultes participant au respect des lois et des règles de vie en commun qui s'exercent aussi bien dans le cadre de la mixité, de l'égalité, que de la lutte contre les violences sexistes et homophobes contraires aux droits de l'homme.

Au-delà de ces situations quotidiennes, il est nécessaire d'organiser un travail pluridisciplinaire s'appuyant sur les compétences complémentaires des divers personnels, inscrit dans le projet d'école et le projet d'établissement, voire inséré dans une politique d'établissement.

2.1 Une formation à destination de l'ensemble des élèves

Dans les enseignements, à tous les niveaux, les programmes des différentes champs disciplinaires - tels que la littérature, l'éducation civique, les arts plastiques, la philosophie, l'histoire, l'éducation civique juridique et sociale... - offrent, dans leur mise en œuvre, l'opportunité d'exploiter des situations, des textes ou des supports en relation avec l'éducation à la sexualité selon les objectifs précédemment définis. Les enseignements scientifiques liés aux sciences de la vie occupent une place spécifique mais non exclusive dans ce domaine. Ils procurent aux élèves les bases scientifiques - connaissances et raisonnements - qui permettent de comprendre les phénomènes biologiques et physiologiques mis en jeu.

Les enseignants de ces disciplines sont en outre guidés par le souci constant d'établir un lien entre les contenus scientifiques et leurs implications humaines, préparant ainsi les élèves à adopter des attitudes responsables et à prévenir les risques. Dans la construction de leur progression sur l'année et sur le cycle, ils veillent à donner toute leur place aux parties des programmes relatives, selon les niveaux d'enseignement, à la reproduction et à la transmission de la vie, à la contraception, aux infections sexuellement transmissibles et particulièrement au sida.

En lien avec les connaissances acquises à travers les programmes scolaires aux différents niveaux, il est nécessaire de concevoir une continuité éducative tenant compte des questionnements et de la maturité des élèves.

À cette fin, trois séances d'information et d'éducation à la sexualité doivent, au minimum, être organisées dans le courant de chaque année scolaire. Elles permettent de relier les différents apports concourant à l'éducation à la sexualité et de les compléter notamment dans les domaines affectif, psychologique et social, conformément aux objectifs définis ci-dessus (cf. §1).

2.1.1 À l'école primaire, l'éducation à la sexualité suit la progression des contenus fixée par les programmes pour l'école. Les temps qui lui sont consacrés seront identifiés comme tels dans l'organisation de la classe. Ils feront cependant l'objet, en particulier aux cycles 1 et 2, d'une intégration aussi adaptée que possible à l'ensemble des autres contenus et des opportunités apportées par la vie de classe ou d'autres événements. Aussi, à l'école, le nombre de trois séances annuelles fixé par l'article L. 312-16 du code de l'éducation doit-il être compris plutôt comme un ordre de grandeur à respecter globalement dans l'année que comme un nombre rigide de séances qui seraient exclusivement dévolues à l'éducation à la sexualité. L'ensemble des questions relatives à l'éducation à la sexualité est abordé collectivement par l'équipe des maîtres lors de conseils de cycle ou de conseils de maîtres. Les objectifs de cet enseignement intégré aux programmes ainsi que les modalités retenues pour sa mise en œuvre feront en outre l'objet d'une présentation lors du conseil d'école.

2.1.2 Au collège et au lycée, le chef d'établissement établit en début d'année scolaire les modalités d'organisation et la planification de ces séances, inscrites dans l'horaire global annuel des élèves, garantissant ainsi la mise en œuvre et la cohérence de ce dispositif, qui sera intégré au projet d'établissement et présenté au conseil d'administration. Pour les lycées, il fera également l'objet d'un débat au conseil de la vie lycéenne.

Les modalités d'organisation des séances - durée, taille des groupes - sont adaptées à chaque niveau de scolarité. Elles doivent privilégier un cadre favorisant l'écoute, le dialogue et la réflexion et peuvent s'appuyer sur les dispositifs existants. Le chef d'établissement veillera à la cohérence et à la complémentarité entre les apports des enseignements et les apports de ces séances.

La mise en œuvre de l'éducation à la sexualité, dans le premier comme dans le second degré, doit donc s'appuyer sur une véritable démarche de projet qui permet à la fois :

- d'informer et/ou d'associer les parents d'élèves ;

- de garantir la cohérence et la coordination des différents apports ;
- de susciter un travail intercatégoriel ;

- d'assurer, le cas échéant, le cadrage des interventions de partenaires extérieurs.

2.2 Des actions individuelles

Les séances d'éducation à la sexualité peuvent être l'occasion de susciter chez certains élèves des questionnements d'ordre privé ou encore de révéler des difficultés personnelles. Celles-ci ne doivent pas être traitées dans un cadre collectif mais relèvent d'une prise en compte individuelle de l'élève et d'une relation d'aide qui, dans les écoles et les établissements scolaires, peut s'appuyer sur tout adulte de la communauté scolaire susceptible d'apporter une écoute et d'être un relais, et plus particulièrement sur les compétences spécifiques des personnels de santé et sociaux.
En outre, la prise en charge et l'accompagnement qui s'exercent à l'occasion des bilans de santé, des dépistages, de l'accueil à l'infirmerie ou de l'entretien social, permettent d'établir avec les élèves une relation de confiance et un dialogue en toute confidentialité. C'est dans ce contexte que prennent place les dispositions de la loi n° 2000-1209 du 13 décembre 2000 relative à la contraception d'urgence et du décret d'application n° 2001-258 du 27 mars 2001, selon lesquelles les infirmières des établissements scolaires peuvent administrer la contraception d'urgence dans les situations d'urgence et de détresse caractérisée.

Les personnels de santé et sociaux assurent également les relais nécessaires au sein de l'école ou de l'établissement, ainsi qu'avec les familles et les professionnels des réseaux de soins.

Ainsi certains élèves traversant des difficultés personnelles nécessitant un entretien individuel seront orientés s'ils le souhaitent, soit vers les personnes ressources de l'établissement - personnels de santé et sociaux - soit vers des structures extérieures spécialisées.

III - La prise en charge

- À l'école primaire, c'est aux maîtres chargés de classe qu'incombe la mise en œuvre de l'éducation à la sexualité dans le cadre des enseignements, avec le tact qui s'impose et en recherchant la plus grande cohésion avec l'ensemble des apprentissages. Le cas échéant, les maîtres pourront solliciter conseils et assistance auprès de l'infirmière ou du médecin scolaire formés à cet effet. Les maîtres porteront une attention toute particulière à la parole de l'enfant en vue de l'aider à discerner ce qui, dans les rapports qu'il entretient avec ses camarades et avec les adultes, est acceptable ou ne l'est pas.

- Au collège et au lycée, ces séances sont prises en charge par une équipe de personnes volontaires, constituée avec un souci de pluralité, associant autant que possible, dans la logique du projet d'établissement, enseignants et personnels d'éducation, sociaux et de santé, formés à cet effet.

- Il peut être fait appel à des interventions extérieures, dans le respect des procédures d'agrément en vigueur, conformément, d'une part, au décret n° 92-1200 du 6 novembre 1992, modifié le 20 mai 1999, relatif aux relations du ministère chargé de l'éducation nationale avec les associations qui prolongent l'action de l'enseignement public et, d'autre part, aux dispositions de la circulaire n° 93-136 du 25 février 1993 relative aux relations avec les associations qui prolongent l'action de l'enseignement public, qui rappellent cependant la possibilité pour des associations non agréées d'intervenir pendant le temps scolaire, dans des conditions précisées au chapitre II.

Il peut être toutefois recommandé de privilégier le recours à des intervenants issus d'associations ayant reçu l'agrément, national ou académique, prévu par le décret du 6 novembre 1992.

Les partenaires extérieurs ayant bénéficié d'une formation appropriée peuvent intervenir, dans les séances d'éducation à la sexualité dans le respect des principes, de l'éthique et des objectifs définis dans la présente circulaire.

Ces interventions, qui s'inscrivent dans le cadre du projet d'école ou d'établissement, devront s'insérer dans la programmation et la progression définies par l'équipe éducative en charge des séances.

Elles sont organisées avec l'autorisation du directeur d'école après avis du conseil des maîtres, dans le premier degré (3), ou à la demande du chef d'établissement, en accord avec l'équipe en charge de l'éducation à la sexualité, dans le second degré. Elles se déroulent en présence et sous la responsabilité pédagogique du maître ou d'un membre de cette équipe afin d'assurer la continuité de la relation éducative, l'accompagnement, le suivi et l'évaluation des actions.

Le comité d'éducation à la santé et à la citoyenneté (CESC) est le dispositif de repérage et de mise en réseau indispensable des partenaires de proximité auxquels il peut être fait appel. Il permet en outre d'assurer l'information de l'ensemble des personnels de la communauté éducative.

Par ailleurs, si la mise en œuvre de partenariats est susceptible d'étendre les ressources de l'école en mobilisant des compétences spécifiques complémentaires, elle permet aussi de disposer de ressources et relais extérieurs à l'école. Ainsi les lieux d'information, de consultation et de conseil conjugal et familial, les centres de documentation spécialisés, les espaces d'écoute jeunes, les services téléphoniques, dispensent un accueil personnalisé, une orientation, des informations sur la sexualité, la contraception, la prévention des IST et du sida, les violences sexuelles, accessibles aux élèves des collèges et des lycées.

Les personnels des établissements scolaires doivent assurer la diffusion de ces informations notamment en mettant à disposition des élèves des dépliants et un espace d'affichage sur les structures locales et les numéros verts. Cette démarche sera accompagnée dans le cadre des séances d'éducation à la sexualité.

---

(3) Circulaire n° 91-124 du 6 juin 1991, modifiée les 20 juillet 1992 et 29 juin 1994, portant directives générales pour l'établissement du règlement type départemental des écoles maternelles et élémentaires (1er paragraphe du chapitre 5.4.4).

Circulaire n° 92-196 du 3 juillet 1992 relative à la participation d'intervenants extérieurs aux activités d'enseignement dans les écoles maternelles et élémentaires (annexe 1, A, § b).

IV - Pilotage et formation

4.1 Un dispositif académique de pilotage

Chaque académie doit se doter d'un projet d'éducation à la sexualité intégré dans le projet académique de santé des élèves, tel qu'il a été défini dans la circulaire n° 2001-012 du 12 janvier 2001 portant orientations générales pour la politique de santé en faveur des élèves, et la circulaire n° 2002-098 du 25 avril 2002 relative à la politique de santé en faveur des élèves.

Un bilan récent relatif aux actions et formations en éducation à la sexualité établi par la direction de l'enseignement scolaire, fait apparaître que de nombreuses académies disposent d'équipes de pilotage chargées pour l'essentiel de l'organisation et du suivi des formations.

La généralisation de l'éducation à la sexualité, notamment par les séances d'éducation à la sexualité prévues par la loi, impose désormais, compte tenu de l'ampleur du dispositif à mettre en œuvre, que chaque recteur désigne auprès de lui un coordonnateur et une équipe de pilotage académiques, en veillant à ce que des représentants désignés par les inspecteurs d'académie directeurs des services départementaux de l'éducation nationale y participent également. Afin de ne pas multiplier les dispositifs spécifiques d'éducation à la santé et de prévention, de mieux les articuler et les mettre en cohérence, notamment avec le groupe d'animation des CESC, il est souhaitable de constituer un dispositif académique de pilotage regroupant l'ensemble des coordonnateurs et des personnes-ressources compétentes sur les thématiques de santé, sexualité, prévention.

En ce qui concerne l'éducation à la sexualité, comme pour les autres domaines évoqués, les missions de l'équipe de pilotage académique se déclinent selon cinq axes principaux :

- constituer une force de proposition dans l'élaboration de la politique académique ;
- construire les partenariats institutionnels - en particulier avec les programmes régionaux de santé ainsi que les réseaux de soins - les partenariats associatifs et mutualistes, en intégrant notamment les fédérations de parents d'élèves.

L'organisation de ces partenariats, les modalités d'intervention dans les écoles et les établissements scolaires, ainsi que leur contribution à la formation des personnels et des intervenants extérieurs seront définis dans une charte académique, établie selon les niveaux, entre le recteur et le directeur régional de l'action sanitaire et sociale

(DRASS), ou entre l'inspecteur d'académie, directeur des services départementaux de l'éducation nationale et le directeur départemental de l'action sanitaire et sociale (DDASS). Cette charte, qui permet de poser un cadre éthique, pédagogique et administratif clairement défini, pourra le cas échéant être élargie à d'autres partenaires en fonction des situations de chaque académie ou département ;

- contribuer à la définition du cahier des charges de la formation des personnels, à l'élaboration du plan académique et aux choix des formateurs ;

- constituer un réseau de ressources documentaires à disposition des écoles et des établissements scolaires, en s'appuyant en particulier sur les nouvelles technologies ;

- établir un bilan annuel académique de la mise en œuvre de la loi, à partir d'une grille nationale qui sera transmise aux recteurs.

4.2 Une politique de formation des personnels

La formation initiale et continue des personnels s'inscrit comme une des composantes du dispositif de pilotage d'une éducation à la sexualité des élèves ; elle doit permettre la constitution d'équipes aux compétences partagées, susceptibles d'analyser dans leur contexte, les besoins des élèves, de construire une démarche globale et progressive d'éducation adaptée à l'école ou l'établissement scolaire.

En effet, une politique de formation efficace, en un domaine qui exige de concilier savoirs, éthique, culture, respect des personnes suppose à tout le moins que soit prise en compte la dimension pluricatégorielle de l'encadrement des séances d'éducation à la sexualité. Ainsi professeurs des écoles, enseignants de science de la vie et de la Terre, de vie sociale et professionnelle, conseillers principaux d'éducation, médecins, infirmières, assistants de service social apportent en particulier, chacun pour ce qui le concerne, leur contribution à un projet défini en commun dans ses objectifs et ses résultats.

Les dispositifs de formation élaborés dans ce cadre, et éventuellement construits avec les équipes locales pour mieux répondre à leurs besoins, prendront appui aussi bien sur les ressources académiques que sur celles apportées par les partenaires extérieurs institutionnels ou associatifs habilités à intervenir auprès des élèves dans le domaine de l'éducation à la sexualité.

Compte tenu de la diversité des personnels susceptibles d'intervenir dans ces formations, la logique d'ensemble des dispositifs gagnera à être définie au niveau académique dans l'objectif de la meilleure utilisation des ressources disponibles. Les modalités de formation pourront cependant privilégier les interventions sur site aidant en cela à la constitution des équipes éducatives.

Au cours des dernières années, des formations interacadémiques à pilotage national ont permis de constituer un réseau de formateurs pluricatégoriels chargés notamment d'organiser les actions de formation d'équipes d'établissements participant à la mise en œuvre de l'éducation à la sexualité dans les établissements scolaires.

Les recteurs veilleront à mobiliser ces personnels et à développer leurs compétences tout en renforçant ce réseau de formateurs afin d'être en mesure de répondre aux besoins des écoles et établissements de leur académie.

La loi du 4 juillet 2001 a confié à l'école une mission éducative dans le champ bien spécifique de l'éducation à la sexualité. Les orientations définies dans la présente circulaire, constitue un cadrage aussi bien pour les personnels de l'éducation nationale que pour les partenaires appelés à intervenir dans les écoles et les établissements scolaires. J'appelle votre attention sur l'importance que j'attache à la mise en œuvre de ces dispositions.

Pour le ministre de la jeunesse, de l'éducation nationale et de la recherche et par délégation,

Le directeur de l'enseignement scolaire

Jean-Paul de GAUDEMAR

Bibliographie

ESCAPAD Enquête sur la santé et les consommations lors de l'appel de préparation à la défense (2011). Saint-Denis La Pleine : Observatoire Français des Drogues et des Toxicomanies (OFDT)
Disponible sur : http://WWW.ofdt.fr/enquetes/escapad/

Morin, Edgar (2009) *Culture et barbarie européennes.* Paris : Bayard

Jacquard, Albert (2011) *Le compte à rebours a-t-il commencé ?* Paris : librairie générale française (Le livre de poche ; 32386)

Serres, Michel (2014) *Petite poucette* . Paris : Le Pommier (Manifestes)

Szemerenyi, Oswald (1991) Scripta Minora. II. Innsbruck : Institut für Sprachwissenschaft der Universität Innsbruck, p. 874

Tables des Matières